Emma wants to fly!

Emma möchte fliegen!

Written by Yasmín Aristizábal and Julien Donguy.
Illustrated by Luna Lugo
Edited and formatted by Yasmín Aristizábal

ISBN 978-1536961249
Boutsi Books. August 2016

Text von Yasmín Aristizábal und Julien Donguy
Übersetzt aus dem Englischen ins Deutsche von Martina Tiefenbach
Illustratotionen von Luna Lugo
Gestaltung und Satz von Yasmín Aristizábal

ISBN 978-1536961249
Boutsi Books. August 2016

Emma

Emma is a very happy girl who lives in a big
house with a beautiful garden.
And she has a dream that she has not accomplished yet.
She wants to **fly**.

Emma ist ein fröhliches Mädchen, das in einem
großen Haus mit einem wunderschönen Garten lebt. Und
sie hat einen Traum, der sich noch nicht erfüllt hat.
Sie will **fliegen**.

Every time **Emma** sees pigeons, she runs behind them to ask them how to fly, but they open their wings and fly away..

Jedes Mal, wenn **Emma** Tauben sieht, läuft sie ihnen hinterher, um sie zu fragen, wie man fliegt, aber sie öffnen ihre Flügel und fliegen davon.

In her garden, there is often a butterfly that visits her, but she flies from flower to flower and **Emma** cannot reach it.

In ihrem Garten kommt sie oft ein Schmetterling besuchen, aber er fliegt von Blüte zu Blüte und **Emma** kann ihn nicht erreichen.

In the park with her mother, she sees the ducks fly too. How can she talk to the ducks? They live on the island in the lake and Emma cannot get there.

Im Park mit ihrer Mutter sieht sie auch die Enten fliegen. Wie kann sie mit den Enten sprechen? Sie leben auf einer Insel im See und Emma kommt dort nicht hin.

From her window she also sees the birds flying outside.. **Emma** talks to them but they do not respond. It seems like they cannot hear her.

Von ihrem Fenster aus sieht sie draußen auch die Vögel fliegen. **Emma** spricht mit ihnen, aber sie antworten nicht.

Es scheint so, als könnten sie sie nicht hören.

Emma's school will take her class to the zoo today.
There, she will certainly find animals
to ask them how to *fly*.

Mit der Schule machen sie heute einen Ausflug
in den Zoo. Dort wird sie sicherlich Tiere finden,
die sie fragen kann, wie man **fliegt** .

At the zoo, the first thing the class sees is a parrot
and Emma comes close and asks him :
- Mister parrot, I want to fly,
can you tell me how to do it?
The parrot only responds with a noise

"Brua, Brua"

Im Zoo ist das Erste, das sie sehen ein

Papagei und Emma geht ganz nah an ihn heran:

„Herr Papagei, ich möchte fliegen,

kannst du mir sagen, wie das geht?"

Der Papagei antwortet nur mit einem Krächtzen

„Brua, Brua"

Bats also fly so **Emma** is determined to find them but everything in their cave is dark. They sleep during the day and go out only at night.
She will have to find another animal for her quest.

Fledermäuse fliegen auch und **Emma** versucht, sie zu finden, aber in ihrer Höhle ist es dunkel. Sie schlafen während des Tages und kommen nur nachts heraus. Sie wird ein anderes Tier für ihr Rätsel finden müssen.

Later Emma finds an owl and asks:
- Dear Owl, can you tell me how to fly?
The owl looks at her and says
"Uhu, Uhuuuu".

Später trifft Emma eine Eule und fragt:
„Liebe Eule, kannst du mir sagen, wie man fliegt?"
Die Eule sieht sie an und sagt
„Uhu, Uhuuuu".

20

A bee comes close to **Emma** and perches on a flower.
-Lady Bee, can you teach me how to fly?
"**Bzzzzzz, bzzzzz**".
The bee leaves and Emma's question
remains unanswered.

Eine Biene kommt ganz nah an **Emma** heran und
landet in einer Blüte. „Frau Biene, kannst du mir sagen,
wie man fliegt? "
„**Bzzzzzz, bzzzzz**".
Die Biene fliegt davon und lässt Emmas
Frage unbeantwortet.

It seems that no one here can
show me how to fly,
thinks **Emma** impatiently.

Es kommt mir so vor, als ob mir hier niemand
zeigen kann, wie man fliegt,
denkt **Emma** ungeduldig.

Leaving the zoo, she sees a man selling balloons. One escapes and flies away. **Emma** looks at it and goes home thoughtfully.

Als sie den Zoo verlässt, sieht sie einen Mann, der Ballons verkauft. Einer entwischt und fliegt davon. **Emma** sieht das und geht nachdenklich nach Hause.

Emma waits impatiently to see her dad.
- Dad, I want you to buy me as many ballloons as you can.
I want to hold them all together to fly.

Emma wartet ungeduldig auf ihren Papa.
„Papa, ich möchte, dass Du mir so viele Ballons kaufst wie Du kannst. Ich will sie alle gleichzeitig festhalten, um mit ihnen zu fliegen."

Her dad smiles and says:
- Only animals with wings can fly, as birds and some insects do.
- Can you buy me wings? - Says Emma thoughtfully.
- Mmm, I have a better idea! Says dad.

Ihr Papa lächelt und sagt: „Nur Tiere mit Flügeln können fliegen, so wie Vögel und manche Insekten."

„Kannst du mir Flügel kaufen?" sagt Emma nachdenklich.

„Mmmm, ich habe eine bessere Idee!" sagt ihr Papa.

They go to the mountains where dad explains how humans can *fly*, for example with airplanes and helicopters. Today they are going to see another way of flying, paragliding.

Sie fahren in die Berge und ihr Papa erklärt, wie Menschen *fliegen* können. Zum Beispiel mit Flugzeugen und Helikoptern. Heute werden sie noch eine andere Art zu fliegen sehen: Paragliding.

There are a lot of people who like this sport, so they climb up a mountain to fly down to the valley. But **Emma** has yet to grow up to be able to do this.

Es gibt viele Menschen, die diesen Sport mögen, also klettern sie auf einen Berg, um hinunter ins Tal zu fliegen. Aber **Emma** muss noch etwas größer werden, bevor sie das machen kann.

Emma spends a happy day watching people fly and now knows that when she will be big and strong she will be able to fulfill her **dream.**

Emma verbringt einen glücklichen Tag damit, Menschen beim Fliegen zuzuschauen und sie weiß, wenn sie groß und stark ist, dann wird sich ihr **Traum** erfüllen!